LES REPRÉSENTANTS

DE

L'APPEL AU PEUPLE

PAR

Le Comte DE LA CHAPELLE

Auteur de « *la Guerre de 1870,* »
des « *Opérations militaires,* des *Œuvres posthumes
de Napoléon III.* » etc., etc., etc.

PARIS

AMYOT, ÉDITEUR, 8, RUE DE LA PAIX

—

1875

LES REPRÉSENTANTS

DE

L'APPEL AU PEUPLE

———

Habitants des campagnes, cultivateurs, paysans! vous les pères nourriciers de la Patrie, vous hommes de la glèbe, qui faites la France riche et prospère malgré ses infortunes et ses malheurs; on va vous demander l'exécution d'un grand acte; on va vous appeler à vous prononcer solennellement sur l'avenir de notre cher pays.

Sous l'égide de l'illustre chef de notre gouvernement; protégés par la vaillante épée du maréchal de Mac-Mahon, de l'héroïque chef qui mena vos enfants à la victoire, à Sébastopol, à Magenta, à Solférino, vous allez établir de nouveau l'importance qui vous a été assurée par les révolutions, par l'empire des Napoléons, et procéder librement aux élections de vos représentants, soit au Sénat, soit à la Chambre des députés.

Dieu, touché des maux que vous avez soufferts autrefois, a permis que l'ère de la liberté fût ouverte pour tous ; que les prérogatives du peuple fussent garanties, et que les hommes des campagnes, les premiers sujets de France, fussent appelés à choisir ceux qui doivent gouverner leur pays.

Nul ne saurait aujourd'hui vous priver de vos droits souverains ; nul ne pourrait prendre le pouvoir sans vous consulter ; nul n'oserait vous imposer des principes opposés à ceux qui établissent votre toute-puissance ; car, quelle que soit la forme que l'on puisse donner au mode de voter, vous n'avez qu'un drapeau pour vous diriger, celui de l'APPEL AU PEUPLE, le seul qui établisse d'une manière franche, incontestable, les droits du travailleur à être consulté sur les affaires de la Patrie, sur les intérêts des classes laborieuses.

Souvent on a voulu vous frustrer de ces droits; les ambitieux des grandes villes, aidés de quelques poignées de fainéants, des gens sans mœurs et sans aveux, vous ont privés du gouvernement de ceux qui étaient vos élus; on a abusé de votre confiance; on a voulu vous arracher vos pouvoirs; mais aujourd'hui la souveraineté nationale, dirigée par le duc de Magenta, peut s'affirmer hardiment; vous pourrez aller voter pour ceux qui auront vos préférences, qui représenteront vos idées, qui vous rappelleront par leur situation, par leur conduite, l'ère de richesse, de prospérité qui fit de la France le premier pays du monde.

Souvenez-vous habitants des campagnes, des hommes qui aidèrent à embellir vos villages, à créer vos grandes routes, à construire vos chemins de fer, à doter vos églises, à changer vos gros sous en pièces d'or, à donner à vos champs à vos patrimoines, une valeur beaucoup plus grande que celle qu'ils avaient autrefois; rappelez-vous ceux qui ne pensèrent qu'à améliorer votre sort, qui firent doubler le prix de vos denrées, tous les fruits de vos labeurs, consultez-les à l'heure suprême du vote; ils vous éclaireront de leurs conseils; ils vous diront qu'ils n'ont jamais varié à votre égard et qu'ils resteront toujours les fermes adhérents au grand principe de l'APPEL AU PEUPLE.

Les élections qui vont avoir lieu ont une importance vitale pour notre pays, les sénateurs et les députés que vous nommerez seront appelés à vous gouverner; mais ce sont aussi ces mêmes hommes, ne l'oubliez pas, qui auront à faire valoir toute l'étendue de vos droits; n'oubliez pas que vous allez leur dónner le pouvoir de statuer de par la loi sur le sort de la France, lorsque le glorieux maréchal qui est à la tête du gouvernement remettra les fonctions suprêmes dont il est investi dans les mains de vos représentants. Jamais peut-être dans l'histoire d'un grand peuple, les votes que vous émettrez n'auront été plus solennels, plus décisifs.

Ah! vous ne manquerez pas de conseils et

d'avis officieux ; on parcourt déjà vos campagnes pour égarer vos esprits, pour surprendre votre bonne foi ; la calomnie, cette arme traîtresse et terrible sera effrontément à l'œuvre ; on ne manquera pas de salir la mémoire de vos bienfaiteurs, de colporter des mensonges, d'attaquer dans leur personne, dans leur honneur, ceux qui ont toujours été les amis sincères du peuple ; vous entendrez peut-être des notables de vos campagnes, des hommes qui ont toujours vécu parmi vous, s'acharner contre les amis, contre les dévoués de L'APPEL AU PEUPLE. Ils chercheront à vous enlacer par des arguments mensongers ; ils vous tiendront sous leur joug ; ils disposeront si vous n'y prenez garde de votre volonté, de votre conscience ; ils se prévaudront des services qu'ils ont pu vous rendre au sujet de vos affaires privées, de l'habitude que vous avez de les consulter, de les voir sans cesse parmi vous, et ils vous demanderont de voter selon leur goût, de nommer les candidats qu'ils soutiendront ; mais, rappelez-vous à ce moment là qu'il s'agit de votre pays, du bien-être du peuple et non des intérêts de ceux qui veulent vous tromper, qui veulent obtenir des places pour leurs amis, améliorer leur position, augmenter leur influence, satisfaire leur vanité au détriment du bien-être du paysan, de l'ouvrier, et de la prospérité de leurs affaires.

Ne prenez conseil que de vous-mêmes et n'écoutez que vos amis réels, ceux qui se présenteront à vous au nom de L'APPEL AU PEUPLE.

Quant aux autres quels qu'ils soient, que préparent-ils? Que veulent-ils ces conseillers perfides, ces intrigants sans honte; quel est le but qu'ils veulent atteindre en s'approchant des habitants des campagnes? votre bon sens, qui ne vous fait jamais défaut, vous le démontrera clairement, ils espèrent arriver à égarer votre raison, à vous faire oublier vos intérêts, à faire déléguer leurs amis au Sénat, à la Chambre des députés; ils veulent vous arracher le droit de voter pour arriver ensuite à imposer à la France les d'Orléans, cette dynastie opposée au suffrage universel; cette dynastie qui représente le règne de cette classe d'hommes qui amena l'avilissement de la

France, le gouvernement des hommes d'argent, l'oppression des pauvres gens. Sous le couvert du libéralisme, ils veulent obtenir vos votes pour donner le pouvoir à ces princes d'Orléans, dont le premier acte en rentrant en France, il y a quatre ans, fut de se faire payer soixante millions de francs ; ils obtinrent leurs écus ; ils reçurent jusqu'au dernier sou, au moment même où notre pauvre pays agonisant sous le joug des Prussiens, cherchait les sommes nécessaires pour payer l'indemnité de guerre et délivrer notre territoire de la présence de l'ennemi. Ils furent sans pitié pour notre chère Patrie ; aussi sont-ils forcés de s'affubler de noms d'emprunts, de prendre de faux masques pour se présenter à vos suffrages ; ils espèrent vous tromper ; ils espèrent prendre la place de l'illustre chef qui nous gouverne avec tant d'impartialité, avec tant d'honneur, et effacer de votre cœur le souvenir du passé, la mémoire des vingt années de prospérité qui assurèrent votre richesse, votre indépendance, votre importance nationale, comme propriétaires, comme électeurs.

Prenez garde, ouvriers, paysans, travailleurs, ne vous laissez pas tromper et demandez à ceux qui sollicitent vos voix, qu'ils vous prouvent qu'ils ont réellement les principes qu'ils prétendent représenter.

Le péril est plus grand que vous ne sauriez le penser, car ceux-là même qui depuis des années ont eu sur vous de l'influence, ceux-là même qui sont à la tête de vos cantons appartiennent trop souvent à cette classe d'ambitieux qui cache au peuple la vérité pour tirer profit de sa crédulité.

Ils vous diront que l'Administrateur de votre arrondissement désire que vous votiez pour tel ou tel candidat ; ils vous diront qu'ils l'ont vu et qu'il leur a donné le mot d'ordre, mais ils vous mentiront en s'exprimant ainsi, car ces fonctionnaires n'ont pas le droit d'influencer les électeurs, *la loi le leur défend*, et on ne peut admettre qu'ils manquent à leurs devoirs, qu'ils soient traîtres à la loi, à leur pays, à l'illustre maréchal Mac-Mahon qui exige qu'on respecte l'esprit de la loi qu'il représente et dont il est le fidèle gardien.

Méfiez-vous donc de ceux qui parleront au nom des fonctionnaires publics en matière d'élections; dites leur que vous êtes libres. que vous voulez voter pour les hommes qui, respectant la loi, sont fidèles à la grande idée de « L'APPEL AU PEUPLE, » c'est-à-dire qui veulent mettre votre décision au-dessus de tout, qui feront tous leurs efforts pour que vous soyez toujours consultés sur les affaires de votre pays et pour que vous deveniez encore, comme vous l'avez été pendant vingt ans, les premiers citoyens de la terre de France !

Demandez à tous ceux qui viendront vous conseiller s'ils sont prêts à faire remplir ce programme par leurs candidats, et s'ils le promettent ouvertement, écoutez-les; s'ils s'abstiennent, s'ils hésitent, s'ils se troublent, restez assurés qu'ils veulent vous tromper.

Sur votre route, vous trouverez également ceux qui parleront en faveur de la République rouge; mais vous les connaissez, vous savez que sous l'apparence de la Liberté que nous chérissons tous, ils cachent les projets les plus détestables; ils sont communistes; ils ne veulent plus qu'on adore Dieu, qu'on garde son bien pour ses enfants, qu'on travaille pour améliorer sa position; ils méprisent les travailleurs; ils dédaignent les cultivateurs, dont les rudes labeurs font germer le sillon qui fournit leur pain; non seulement ils persistent à ne vouloir rien faire, mais ils espèrent vous entraîner à nommer leurs amis aux élections prochaines et s'emparer ainsi plus tard des revenus de ceux qui travaillent.

Non, vous ne pouvez écouter les conseils de ceux qui ont intérêt à vous tromper; vous repousserez certainement les agents de ceux qui représentent l'usure, l'avilissement de votre pays; vous chasserez ignominieusement de vos demeures les malfaiteurs qui viendront des grandes villes pour examiner le moyen de profiter du fruit de votre pénible travail, de voler, dans un avenir prochain, la propriété, qui fournit le pain gagné si chèrement à la sueur de votre front; vous ne voudrez certainement pas que ces gens sans aveux puissent piller un jour le produit de votre charrue et boire saus le payer le vin de vos récoltes.

Non, vous ne vous laisserez pas tromper; vous entendrez la voix de la vérité; vous vous rappellerez le glorieux génie des Napoléons à qui la France doit sa grandeur moderne, et vous, peuple, son émancipation. Vous écouterez les conseils de ceux qui ont été vos vrais amis, qui ont fait de vous les premiers sujets de France, qui ont donné à vos fils la faculté de s'élever, de devenir ministres et conseillers de la nation, généraux et maréchaux de France; vous vous souviendrez que votre sang, répandu à profusion pour la cause de votre pays, a germé dans le glorieux holocauste, et que votre race s'est régénérée sous l'influence d'un gouvernement que vous n'avez pu oublier, car sa devise est invariablement « TOUT POUR LE PEUPLE ET PAR LE PEUPLE, » et vous savez que la Providence l'avait suscité après tant de siècles d'épreuves pour créer et soutenir vos droits.

N'oubliez pas, habitants des campagnes, ou-

vriers des villes, que vos intérêts les plus chers
sont déposés dans le cœur des hommes qui
marchent sous la devise de L'APPEL AU
PEUPLE ; consultez-les, et ils vous diront fran-
chement de quel respect, de quel dévouement
ils ne cessent d'entourer le glorieux Maréchal
qui a soutenu la France au moment de ses
grandes épreuves, de ses malheurs inouïs ;
mais ils vous diront aussi qu'à côté de la sym-
pathie vouée au Maréchal Mac-Mahon, à côté
du soutien effectif qu'ils continueront de donner
loyalement à sa personne et à son gouvernement, ils réservent l'avenir dans les limites
strictes de la loi, et ils attendent du temps et
de la volonté nationale la réalisation de leurs
vœux les plus ardents.

*Habitants des campagnes, ou-
vriers laborieux des grandes
villes, votez pour les candidats
de L'APPEL AU PEUPLE.*

Paris. — Imp. Moderne (Berthier, Dr), 84, rue J.-J.-Rousseau.

Janvier			Février			Mars			Avril			Mai			Juin		
J. aug. de 1 h. 4			J. aug. de 1 h. 32			J. aug. de 1 h. 52			J. aug. de 1 h. 43			J. aug. de 1 h. 20			J. augm. de 17 m.		
1	s	CIRCONCIS.	1	m	s Ignace	1	m	CENDRES	1	s	s Hugues PQ	1	l	s Jacq., s P.	1	j	s Fortuné
2	D	s Basile, év.	2	m	PURIFICAT.	2	j	s Simplice	2	D	PASSION	2	m	s Athanase	2	v	ste Emilie
3	l	ste Genev.	3	j	s Blaise PQ	3	v	s Marin PQ	3	l	s Richard	3	m	Inv. s° Cr.	3	s	se Clotil. vj
4	m	s Rigob. PQ	4	v	s Gilbert	4	s	s Casimir	4	m	s Isidore	4	j	ste Pélagie	4	D	PENTECOTE
5	m	ste Amélie	5	s	ste Agathe	5	D	QUADRAG.	5	m	s Vincent F.	5	v	s Pie V	5	l	ste Valérie
6	j	ÉPIPHANIE	6	D	s° Dorothée	6	l	ste Colette	6	j	s Prudent	6	s	s Jean P.-L.	6	m	s Claude
7	v	s° Mélanie	7	l	s Romuald	7	m	s Th. d'Aq.	7	v	s Clotaire	7	D	s Stanislas	7	m	s Lié QT PL
8	s	s Lucien	8	m	s Jean de M.	8	m	s° Véron. Q-r	8	s	s Albert PL	8	l	s Désiré PL	8	j	s Médard
9	D	s Marcellin	9	m	s° Apoll. PL	9	j	s° François°	9	D	RAMEAUX	9	m	s Grégoir° N	9	v	s Félicien
10	l	s Paul, er.	10	j	s° Scholast.	10	v	s DoctrovPL	10	l	s Fulbert	10	m	s Antonin	10	s	s Landry
11	m	s Théod. PL	11	v	s Adolphe	11	s	s Euloge	11	m	s Léon, p.	11	j	s Mamert	11	D	TRINITÉ
12	m	s Arcade	12	s	ste Eulalie	12	D	REMINISC.	12	m	s Jules	12	v	s Achille	12	l	s Guy
13	j	Bapt. N.S.	13	D	SEPTUAG.	13	l	s° Euphras.	13	j	ste Ida	13	s	s Servais	13	m	s Antoine
14	v	s Hilaire	14	l	s Valentin	14	m	ste Mathilde	14	v	Vend.-Saint	14	D	s Boniface	14	m	s Rufin
15	s	s Maur	15	m	s Faustin	15	m	s Zacharie	15	s	s° Anastasie	15	l	s Maxime	15	j	FÊTE-D. DQ
16	D	s Marcel	16	m	s° Julienne	16	j	s Cyriaque	16	D	PAQUES DQ	16	m	s Honoré DQ	16	v	s Cyr
17	l	s Antoine	17	j	s° Marian DQ	17	v	s Patrice	17	l	s Anicet	17	m	s Pascal	17	s	s Avit
18	m	s° Prisca DQ	18	v	s Siméon	18	s	s Alexand DQ	18	m	s Parfait	18	j	s Venant	18	D	s Florentin
19	m	s Sulpice	19	s	s Gabin	19	D	OCULI s Jos.	19	m	s Socrate	19	v	s Yves	19	l	s Gervais
20	j	s Sébastien	20	D	SEXAGÉS.	20	l	s Joachim	20	j	s Théodore	20	s	s Bernardin	20	m	s Silvère
21	v	ste Agnés	21	l	s Pépin	21	m	s Benoît	21	v	s Anselme	21	D	s Hospice	21	m	s Méen NL
22	s	s Vincent	22	m	ste Isabelle	22	m	ste Léa	22	s	s Sotère	22	l	Rogations	22	j	s Alban
23	D	s Raymond	23	m	s Gérard	23	j	s Victorien	23	D	QUASIMODO	23	m	s Didier NL	23	v	s Félix
24	l	s Babylas	24	j	s Flavien	24	v	s Timothée	24	l	s Gaston NL	24	m	ste Angèle	24	s	Nat. s J.-B.
25	m	C. s Paul	25	v	s Mathias NL	25	s	ANNONO. NL	25	m	s Marc, abst.	25	j	ASCENSION	25	D	s Guillaume
26	m	ste Paule NL	26	s	s Porphyre	26	D	LÆTARE	26	m	s Clet, pape	26	v	s Philip. N.	26	l	s David
27	j	s Julien	27	D	QUINQUAG.	27	l	ste Lydie	27	j	s Frédéric	27	s	s Ildevert	27	m	s Crescent
28	v	s Charlem.	28	l	s Romain	28	m	s Gontrand	28	v	s Aimé	28	D	s Olivier	28	m	s Léon IIPQ
29	s	s Fr. de S.	29	m	s Nestor	29	m	s Eustase	29	s	s Robert	29	l	s Maximin	29	j	s Pier., s P.
30	D	s° Martine				30	j	s Amédée	30	D	s Entrope PQ	30	m	s Ferdin. PQ	30	v	ste Emilien
31	l	s° Marcelle				31	v	ste Balbine				31	m	s° Pétronille			

Juillet			Août			Septembre			Octobre			Novembre			Décembre		
J. dim. de 58 m.			J. dim. de 1 h. 38			J. dim. de 1 h. 46			J. dim. de 1 h. 47			J. dim. de 1 h. 22			J. dimin. de 19 m.		
1	s	s Martial	1	m	s P.-ès-L.	1	v	ss Leu et G.	1	D	s Rémi	1	m	TOUSS. PL	1	v	s Eloi PL
2	D	Visit. V.	2	m	s Alphonse	2	s	s Lazare	2	l	ss Anges g.	2	j	Les Morts	2	s	ste Aurélie
3	l	s Anatole	3	j	Inv.s Etien,	3	D	s Grégoir PL	3	m	s Faust PL	3	v	s Hubert	3	D	AVENT
4	m	ste Berthe	4	v	s Dominiq.	4	l	ste Rosalie	4	m	s Franç.d'A	4	s	sCharl.Bor.	4	l	ste Barbe
5	m	ste Zoé	5	s	s Abel PL	5	m	s Bertin	5	j	s Constant	5	D	s Zacharie	5	m	s Sabas
6	j	se Domin.PL	6	D	Tr. de N. S.	6	m	s Onésiph.	6	v	s Bruno	6	l	s Léonard	6	m	s Nicolas
7	v	se Aubierge	7	l	s Gaëtan	7	j	s Cloud	7	s	s Serge	7	m	s Ernest	7	j	s Ambroise
8	s	ste Virginie	8	m	s Justin	8	v	Nat. de la V.	8	D	ste Brigitte	8	m	stesReliq DQ	8	v	IMM. C. DQ
9	D	s Cyrille	9	m	s Amour	9	s	s Omer	9	l	s Denis, év	9	j	s Mathurin	9	s	se Léocadie
10	l	ste Félicité	10	j	s Laurent	10	D	se Pulchérie	10	m	s Fr. B. DQ	10	v	s Juste	10	D	ste Valérie
11	m	Tr. s Benoit	11	v	ste Suzanne	11	l	s Hyacint DQ	11	m	s Quirin	11	s	s Martin	11	l	s Damase
12	m	s Gualbert	12	s	se Claire DQ	12	m	s Séraphin	12	j	s Wilfrid	12	D	s René	12	m	se Constanc
13	j	s Eugène	13	D	s Hippolyte	13	m	s Maurille	13	v	s Edouard	13	l	s Brice, év.	13	m	ste Lucie
14	v	s Bonave.DQ	14	l	s Euséb. v j	14	j	Exal. ste Cr	14	s	s Calixte	14	m	ste Philom.	14	j	s Nicaise
15	s	s Henri	15	m	ASSOMPT.	15	v	s Nicomède	15	D	ste Thérèse	15	m	se Eugénie	15	v	s Irénée NL
16	D	s Hélier	16	m	s Roch	16	s	s Cyprien	16	l	s Léopold	16	j	sEdmondNL	16	s	se Adélaïde
17	l	s Alexis	17	j	s Septime	17	D	sLambertNL	17	m	seEdwigeNL	17	v	s Agnan	17	D	ste Olympe
18	m	s Camille	18	v	ste Hélène	18	l	ste Sophie	18	m	s Luc, év.	18	s	s Maxime	18	l	s Gatien
19	m	s Vincent P	19	s	s Louis NL	19	m	s Janvier	19	j	s Savinien	19	D	ste Elisab.	19	m	s Timoléon
20	j	ste Marguer	20	D	s Bernard	20	m	sEustac.Q-T	20	v	s Aurélien	20	l	s Octave	20	m	sePhilogQ-T
21	v	s Victor NL	21	l	ste Jeanne	21	j	s Mathieu	21	s	ste Céline	21	m	Pr. de la V.	21	j	s Thomas
22	s	ste M.-Mad.	22	m	s Symphor.	22	v	s Maurice	22	D	s Modéran	22	m	ste Cécile	22	v	s Honorat
23	D	s Apollin.	23	m	ste Sidonie	23	s	s Lin, pape	23	l	s Hilarion	23	j	s Clément	23	s	se Vict.vj.PQ
24	l	se Christine	24	j	s Barthél.	24	D	s Andoche	24	m	s Raphaël	24	v	ste Flora PQ	24	D	ste Irmine
25	m	s Christoph	25	v	s Louis, roi	25	l	s Firmin PQ	25	m	s Crépin PQ	25	s	ste Cather.	25	l	NOEL
26	m	ste Anne	26	s	sZéphirinPQ	26	m	ste Justine	26	j	s Evariste	26	D	s Pierre d'A	26	m	s Etienne
27	j	ste Natalie	27	D	s Césaire	27	m	ss Côme, D.	27	v	s Abraham	27	l	s Séverin	27	m	s Jean, ap.
28	v	s SamsonPQ	28	l	s Augustin	28	j	s Wencesl.	28	s	s Simon	28	m	s Sosthène	28	j	ss Innocents
29	s	se Marthe	29	m	s Médéric	29	v	s Michel	29	D	s Donat	29	m	s Saturnin	29	v	steEléonore
30	D	s Abdon	30	m	s Fiacre	30	s	s Jérôme	30	l	s Arsène	30	j	s André	30	s	s Roger PL
31	l	s Germ.-l'A	31	j	s Aristide				31	m	s Narcis. vj				31	D	s Sylvestre